Michael Schreiber / Petra Welte

Wir sind alle eingeladen

Der Gottesdienst für Kinder und Eltern erklärt

Mit Illustrationen
von Rita Frind

Verlag Butzon & Bercker Kevelaer

Die Deutsche Bibliothek – CIP-Einheitsaufnahme

Ein Titeldatensatz für diese Publikation ist bei
Der Deutschen Bibliothek erhältlich.

ISBN 3-7666-0362-0

© 2001 Verlag Butzon & Bercker D-47623 Kevelaer
Alle Rechte vorbehalten
Umschlaggestaltung: Rita Frind, Hamburg
Satz: Kontext – Verlagsherstellung, Lemsel
Druck und Bindearbeiten: benatzky Druck & Medien, Hannover

Inhalt

Vorwort für die Eltern 4

Eröffnung
Eröffnung und Begrüßung 6
Schuldbekenntnis 10
Kyrie 14
Gloria 18

Wortgottesdienst
Lesung 22
Halleluja 26
Evangelium 30
Predigt 34
Glaubensbekenntnis 38
Fürbitten 42

Eucharistiefeier
Gabenbereitung 46
Hochgebet 50
Vaterunser 54
Friedensgruß 58
Lamm Gottes 62
Kommunion 66

Entlassung
Segen und Entlassung 70

Anregungen zum Weiterlesen 74

Vorwort für die Eltern

Es ist Sonntag. Sie haben Ihr Kind gewinnen können, mit Ihnen in die Kirche zu gehen. Sie freuen sich auf die gemeinsame Feier in Ihrer Gemeinde und auf die Predigt. In der Kirche haben Sie einen Platz gefunden, von dem aus Ihr Kind alles gut sehen kann. Einen Stapel Bilderbücher und ein Kuscheltier haben Sie auch mitgenommen. Eigentlich kann gar nichts mehr schief gehen. Doch dann fragt Ihr Kind gleich zu Beginn, wann denn der Gottesdienst endlich zu Ende sei … Und schon beim Gloria wird das Quengeln fast unerträglich, an eine „aktive Teilnahme" ist kaum mehr zu denken. Zur Predigt gehen Sie mit Ihrem Kind aus der Kirche. – Wieder einmal kein Sonntagsgottesdienst.

Dieses Buch möchte beiden helfen: den Kindern, dass sie verstehen, was in der heiligen Messe geschieht, und den Eltern, dass sie ihr eigenes Verständnis von der Messfeier vertiefen können. So können die Eltern selbst Wertvolles über die Messe erfahren und ihren Kindern dieses Wissen weitergeben. Die Kinder können die Messe besser und aufmerksamer verfolgen, wenn ihnen das Buch mit seinen einfachen Erklärungen und bunten Bildern eine Orientierung gibt.

Jeder der vier großen Hauptteile, die Eröffnung, der Wortgottesdienst, die Eucharistiefeier und die Entlassung, ist mit einer eigenen Farbe in der Überschrift gekennzeichnet. Das soll helfen, die einzelnen Elemente, die wir in der Messe feiern, besser zuordnen zu können und den Gesamtzusammenhang nicht aus dem Blick zu verlieren. Das Buch kann so zu einem Begleiter für den Gottesdienst werden oder, besonders für die

Eröffnung und Begrüßung

Am Sonntag versammeln wir uns mit der ganzen Gemeinde zur heiligen Messe in der Kirche. Wir feiern ein großes Fest: Jesus ist auferstanden. Er lebt und ist immer bei uns.

Wenn wir in die Kirche kommen, werden wir ganz still. Wir kommen, um bei Gott zu sein, und bringen alles, was wir erlebt haben, in Gedanken mit. Wir freuen uns, dass wir jetzt hier sein können.

Dann beginnt die Messe: Der Priester und die Messdiener ziehen in die Kirche ein, alle singen dazu ein Lied. Dann beginnen wir „im Namen des Vaters und des Sohnes und des Heiligen Geistes." Dazu machen wir das Kreuzzeichen. Es ist das Erkennungszeichen der Christen.

Eröffnung und Begrüßung

Die Messe, so wie wir sie feiern, ist Ergebnis eines langen Wachstumsprozesses. Ihre heutige Gestalt hat sie durch das Zweite Vatikanische Konzil (1962–1965) erhalten. Seit es die ersten Christen gibt, gibt es Gottesdienste. Und genauso lange gibt es Änderungen und Erweiterungen. Das macht es manchmal nicht einfach, die Texte, Handlungen und Symbole zu verstehen, die es in der Messfeier gibt. Deshalb lohnt es sich, jedes Element für sich zu betrachten, um die Gesamtheit und den inneren Zusammenhang zu begreifen.

Zu Beginn der Messe zieht der Priester mit den Messdienern in die Kirche ein. Das Ziel dieser Einzugsprozession ist der Altar, der Christus symbolisiert. Der ganze Einzug kann als Symbol verstanden werden für den Menschen, der in seinem Leben auf dem Weg zu Gott ist.

Dann begrüßt der Priester die versammelte Gemeinde, die hier ist, um die Gegenwart des dreifaltigen Gottes zu feiern. Deshalb steht am Beginn der heiligen Messe das Kreuzzeichen. Es ist das Erkennungszeichen der Christen. Zugleich ist es ein Zeichen des Segens. Die Gemeinde beginnt die Messfeier in der Kraft des dreieinigen Gottes. Manchmal spricht der Priester einige einleitende Worte. Sinnvoll ist es hier, in die Glaubensgeheimnisse einzuführen, die nun in der Messe gefeiert werden.

Pädagogische Anregungen

Die wiederkehrenden Rituale wie Weihwasser beim Eintreten in die Kirche und das Kreuzzeichen werden für Kinder bald zu Selbstverständlichkeiten. Sie schenken Vertrautheit und geben den Kindern die Chance, sich zu beteiligen.

Wichtig ist, dass das Kind merkt, dass es sich in der Kirche an einem besonderen Ort befindet. Dabei sollte man ihm den Unterschied zu anderen „Häusern" zu erklären versuchen. Denn in der Kirche ist der Mensch doch ein Stück herausgenommen aus seiner Alltagswelt, hier ist ein Ort der Stille und des Gebets, ein Ort, Gott zu begegnen. Natürlich soll das nicht beängstigend oder unheimlich auf das Kind wirken. Es soll sich wohl fühlen im „Haus seines Vaters". Dazu kann es hilfreich sein, sich einmal die Kirche in Ruhe zusammen anzuschauen: den Altar, die Bilder, die Statuen, vielleicht auch den Kreuzweg oder das Taufbecken. So kann die Kirche zu einem vertrauten Ort werden.

Erwachsenen, zu einer weiteren Beschäftigung mit diesem anregen.
So wünschen wir Ihnen und Ihren Kindern freudige und fruchtbare Gottesdienste, in denen alle etwas spüren können von der Liebe Gottes, die er seinen kleinen und großen Kindern schenken will.

Michael Schreiber / Petra Welte

Schuldbekenntnis

„Du bist schuld!" – „Nein, du hast angefangen ..." Kennst Du das? Wenn wir uns ärgern, wenn wir traurig oder unzufrieden sind, läuft manchmal etwas schief zwischen uns und den anderen Menschen. Das Ergebnis sind Streit, Wut und Tränen. Manchmal liegt es an anderen, manchmal an uns. „Ich bin schuld", das sagen wir nicht gerne.

Jesus weiß, dass Schuld wie ein schwerer Stein drückt. Aber er hat uns lieb, auch wenn wir etwas falsch gemacht haben. Ihm dürfen wir sagen, was uns bedrückt. Wir dürfen unsere Schuld bei ihm abladen und neu anfangen.

Das machen wir jetzt in der Messe: Wir denken über unsere Fehler nach und bitten um Vergebung.

Schuldbekenntnis

Indem wir das Schuldbekenntnis sprechen, erkennen wir an, dass auch unser Leben durch die Sünde mitbestimmt ist. Unsere Beziehung zu Gott, zu anderen Menschen und auch zu uns selbst ist nicht immer heil. Jetzt treten wir vor Gott und machen uns unsere Schuld bewusst. Wir bringen sie zu ihm und bitten um seine Vergebung, denn er will uns von unserer Schuld befreien. Versöhnt mit Gott und den Menschen wollen wir die Messe feiern.

Genau genommen müsste man vom „Bußakt" sprechen, in den das Schuldbekenntnis neben einer kurzen Stille und der Vergebungsbitte des Priesters eingebettet ist. Dabei gibt es heute verschiedene Formen von Bußakt bzw. Schuldbekenntnis. Auch ein Taufgedächtnis kann an dieser Stelle gehalten werden.

Pädagogische Anregungen

Wenn dem Kind allmählich bewusst wird, dass es selbst nicht der Mittelpunkt der Welt ist, spricht man von Gewissensbildung. Das Kind entwickelt ein Gefühl für Gut und Böse, Richtig und Falsch. So können sich auch Kinder schuldig fühlen: schuldig gegenüber anderen und schuldig gegenüber Gott.

Es ist wichtig Kindern zu sagen, dass auch Erwachsene immer wieder schuldig werden, indem sie schlechte Entscheidungen treffen oder sich falsch verhalten. Hier kann uns deutlich werden, dass vor Gott alle Menschen – Kinder und Erwachsene – gleich sind.

Unser eigener Umgang mit der Schuld kann das Kind ermutigen, sie nicht zu verdrängen oder zu leugnen. Bei Jesus können wir ehrlich sein, ohne seine Liebe aufs Spiel zu setzen. Denn vielmehr trägt er unsere Schuld und hilft uns, Fehler wieder gutzumachen und uns unserer Verantwortung nicht zu entziehen.

So kann man im Schuldbekenntnis seine Schattenseiten und sein Scheitern vor Gott aussprechen und im Vertrauen auf Gottes Güte die Last der Sünde loslassen.

Dies alles kann auch zu Hause ins frei gesprochene Gebet aufgenommen werden. Bitte vergessen Sie dabei aber nicht, dass Ihr Kind primär mit Gott spricht und nicht mit Ihnen. Die Situation erfordert, mit Ihrem Kind Worte fürs Gebet zu finden, nicht aber, es zu maßregeln.

Kyrie

Jesus Christus ist nicht nur unser Bruder und Freund, sondern er ist viel mehr: Er ist unser König, unser Herr. Das rufen wir ihm zu, wenn wir singen: „Herr, erbarme dich!"

So begrüßen wir Jesus. Er ist bei uns, auch wenn wir ihn nicht sehen. Wir sind dankbar, dass wir bei ihm sein können und er bei uns ist. So können wir zusammen feiern.

Kyrie

Der Ruf „Kyrie eleison" (griech.: Herr, erbarme dich) ist schon sehr alt. Schon in der Antike war dies ein Huldigungsruf an den Herrscher oder an eine Gottheit. Die Christen haben diesen Ruf übernommen und begrüßen damit ihren „Herrscher" Jesus Christus. Kyrios, Herr, ist einer der bekanntesten Titel für Christus.

Zunächst klingt „Kyrie eleison" eher wie eine Bitte um Erbarmen, doch die Huldigung und Begrüßung des Herrn steht an dieser Stelle vor jeder Bitte. Das wird deutlich, wenn man sich die Bedeutung des Kyrios-Titels einmal näher ansieht: Vor dem Hintergrund des Philipperhymnus in Philipper 2,6–11 ist „Kyrios" als ein Ehrentitel anzusehen. Hier heißt es u.a.: „Jeder Mund bekennt: Jesus Christus ist der Herr – zur Ehre Gottes des Vaters." Dies ist zugleich die kürzeste Glaubensformel: Jesus, der Herr, ist mächtig, uns zu retten.

Pädagogische Anregungen

In vielen religiösen (Kinder-) Liedern wird Jesus als der Herr besungen. Dieser Ehrentitel sollte Kindern ebenso vertraut gemacht werden wie die Anreden Erlöser, Heiland und Sohn Gottes. So kann das Kind ein Gespür entwickeln für die Besonderheit des Menschseins und Gottseins Jesu Christi.

Singen Sie solche Lieder mit Ihrem Kind und erklären Sie ihm die Titel! Dazu können Sie von der Beziehung zwischen Jesus und seinen Jüngern erzählen oder von vielen biblischen Geschichten. Vielleicht nehmen Sie auch einmal den Philipperhymnus zur Hand. Denn gerade hier wird das Bild Jesu Christi sehr gut verständlich und begreifbar gezeichnet.

Gloria

Dass wir feiern, zeigen wir auch, wenn wir das Gloria singen. So wie damals die Engel auf dem Feld von Betlehem vor Freude gesungen haben als Jesus geboren war, so machen auch wir das jetzt. Ganz fröhlich und festlich klingt dieser Gesang.

Danach spricht der Priester ein Gebet. Am Schluss sagen wir alle „Amen". Das ist hebräisch und heißt „So sei es". Damit bestätigen wir das, was der Priester gerade gebetet hat.

Mit diesem Gebet ist der erste Teil der Messe, die Eröffnung, beendet. Wir haben uns alle zusammen vor Gott gestellt, wir haben ihn um Verzeihung für unsere Fehler gebeten und ihn mit Lob und Dank begrüßt. Jetzt sind wir darauf vorbereitet, sein Wort zu hören.

Gloria

Wenn nach dem Kyrie das Gloria erklingt, wird damit die Huldigung noch einmal bekräftigt. Denn auch dieser Hymnus, der die Größe und Herrlichkeit des Schöpfergottes besingt, will Gott, dem Allmächtigen, Lob und Ehre erweisen.

Die Anfangsworte des Glorias entsprechen dem Lobgesang der Engel, den sie nach der Geburt Jesu auf dem Feld von Betlehem angestimmt haben: „Ehre sei Gott in der Höhe und Friede auf Erden den Menschen seiner Gnade" (Lukas 2,14). In diese Freude der Engel stimmen wir ein.

Dem Gloria folgt das Tagesgebet. Es ist das erste aus der Reihe der Gebete in der Messe, die der Priester sozusagen vorbetet. Er wendet sich im Namen aller Anwesenden an Gott. Die beiden anderen Gebete dieser Art sind das Gabengebet und das Schlussgebet.

Mit dem gemeinsam gesprochenen „Amen" setzt die Gemeinde und dadurch natürlich auch jeder Einzelne quasi seine „Unterschrift" unter das Gebet.

Der Eröffnungsteil der Messe ist damit beendet. Wie man vor dem Eintritt in große Klöster oder alte Kirchen oft zuerst den Vorhof durchschreitet, so hat man nun den „Vorhof" der Messe durchschritten. Das ist nicht wertend gemeint, jeder Teil der Messe ist von großer Bedeutung. Doch nun ist man vorbereitet, Gott in seinem Wort zu begegnen.

Pädagogische Anregungen

Auf den ersten Blick mag uns das Gloria für Kinder vielleicht unpassend erscheinen. Im Vokabular scheint es überfrachtet, heute längst nicht mehr geläufige Bilder werden verwendet.

Doch Kinder verstehen hier häufig mehr, als man meint. Oft gelingt es ihnen eher als Erwachsenen, solche Bilder mit Sinn zu füllen, so dass sie Gott als den ganz Anderen, den unbegreiflich Großen, den alles Übersteigenden begreifen können. Wie anders können wir Gott beschreiben? Wie schon vorher beim Kyrie angeregt, sollte man es probieren, mit den Kindern über diese Titel und Bilder von Gott zu sprechen.

Als Hilfe können dabei das Gotteslob oder andere Liederbücher dienen. Dort sind viele Liedvarianten des Glorias zu finden, die sich auch mit Kindern leicht singen lassen.

Lesung

Nun beginnt der Wortgottesdienst. Gott selbst spricht zu uns, wenn jemand aus der Gemeinde aus der Heiligen Schrift liest und Gottes Wort verkündet. Wir hören, was das Volk Israel vor vielen, vielen Jahren mit Gott erlebt hat. Oder wir erfahren, was den Jüngern Jesu damals geschehen ist.

Zuhören ist jetzt das Wichtigste. Denn es ist ja nicht nur irgendeine Geschichte, es geht um Gott! Von ihm wollen wir möglichst viel wissen, und von den Menschen, die damals gelebt haben, können wir viel für unser eigenes Leben lernen.

Lesung

Im nun beginnenden Wortgottesdienst steht das Wort Gottes im Zentrum. Überliefert ist es uns in den Heiligen Schriften des Alten und Neuen Testaments. Jemand aus der Gemeinde, ein Lektor, verkündigt die Lesung vom Ambo (Lesepult) aus. Die Lesung wird geschlossen mit dem Satz: „Wort des lebendigen Gottes." Denn wenn diese Heiligen Schriften in der Kirche gelesen werden, geht es nicht nur um Erinnerung oder Belehrung. Christus selbst ist im Wort anwesend.

Dabei kann die Lesung sowohl aus dem Alten Testament als auch aus dem Neuen Testament (ausgenommen den Evangelien) stammen. An besonderen Festtagen, wenn mehrere Lesungen verkündet werden, wird jeweils mit einem gesungenen oder gesprochenen Psalm darauf geantwortet.

Pädagogische Anregungen

So wertvoll und interessant die biblischen Geschichten auch sind, in der im Gottesdienst vorgetragenen Übersetzung und Sprache sind sie für Kinder doch oft schwer verständlich. Eine gute Kinderbibel leistet hier wertvolle Dienste. Machen Sie sich selbst und Ihr Kind mit den Texten vertraut!

Vielleicht gibt es in Ihrer Gemeinde ein Pfarrblatt, oder Sie bekommen die Kirchenzeitung. Dort z.B. finden Sie, welcher Text an welchem Sonntag in der Messe gelesen wird. Zu vielen biblischen Geschichten gibt es auch gute Bilderbücher. Nehmen Sie sie ruhig mit in die Messe und lassen Sie Ihr Kind darin blättern. Am besten ist es, wenn die Geschichten auch im Alltag zu Begleitern Ihres Kindes werden und das Kind darin einen Bezug zum eigenen Leben finden kann.

Die Elemente des Bildes zur „Lesung" beziehen sich auf folgende Bibelstellen (beginnend links unten im Uhrzeigersinn): Mose am brennenden Dornbusch (Exodus 3,1–12); Jakob und die Himmelsleiter (Genesis 28,12ff); Die Arche Noach (Genesis 9,1–17); David und Goliat (1 Samuel 17,1–58).

Halleluja

Wenn wir große Freude in uns spüren, möchten wir oft laut und fröhlich singen und jubeln. Bevor wir die Frohe Botschaft von Jesus hören, singen wir alle miteinander ein Jubellied.

Wir singen: „Lobet Gott!" Wir singen es in der Sprache, die Jesus selbst gesprochen hat. Da heißt es: „Halleluja!" Das klingt fröhlich, nicht wahr?

Halleluja

Zwischen den beiden Texten der Heiligen Schrift, der Lesung und dem Evangelium, singen wir das Halleluja. Es ist schon ganz auf die folgende Frohe Botschaft bezogen und begrüßt den in seinem Wort redenden Christus.

Halleluja ist hebräisch und bedeutet „Lobet Jahwe". Die biblische Grundlage ist der Jubelruf des himmlischen Jerusalem in der Geheimen Offenbarung (19,1–7).

In der Advents- und Fastenzeit verzichtet die Kirche auf diesen Jubelruf. Weil diese Zeiten Zeiten der Buße und der Vorbereitung auf das Weihnachts- oder Osterfest sind, wird das Halleluja durch einen anderen Ruf vor dem Evangelium ersetzt. Dann kann an Weihnachten und am Osterfest die Freude über die Auferstehung auch in Form des jubelnden Halleluja in ganz besonderer Weise erklingen.

Pädagogische Anregungen

Ausdrucksformen für die Freude gibt es viele. Bei Kindern ist es meist besonders schön, ihnen ihre Freude anzusehen: die strahlenden Augen, eine stürmische Umarmung, jubelnde Ausrufe.

Vielleicht ist es in unserer konsumorientierten Zeit schwierig, die besondere Freude über das Kommen Jesu immer wieder zu spüren. Doch möglicherweise kann uns das Halleluja bei der nächsten Messe einen Teil dieser Freude erschließen!

Denn sowohl das Wort an sich als auch die Melodien, in denen es gesungen wird, sind voller Ausstrahlung dieser ganz besonderen Freude. Und wenn auch die Kinder verstehen, was der Grund der Freude ist, können sie diese sicher auch in diesem Jubelruf erspüren.

Evangelium

Was Jesus selbst gesagt und getan hat, hören wir im Evangelium. So wie er damals den Menschen begegnet ist, begegnet er jetzt uns, wenn wir von ihm hören.

Evangelium heißt „Frohe Botschaft". Denn was es uns sagt, ist etwas einmalig Schönes, das uns ganz froh machen soll: Gott hat uns alle lieb. Er will, dass es uns gut geht.

Dass diese Botschaft etwas ganz Besonderes ist, merken wir jetzt auch in der Kirche: Alle stehen, wenn der Priester aus dem großen Evangelienbuch vorträgt. Manchmal bringen die Messdiener auch Kerzen. Und am Schluss loben wir alle Christus für das, was er für uns getan hat: „Lob sei dir, Christus."

Evangelium

Das Evangelium ist der Höhepunkt des Wortgottesdienstes. In den Texten aus den Evangelien Matthäus, Markus, Lukas und Johannes hören wir vom Leben, Wirken und Sterben Jesu.

Die besondere Bedeutung wird in vielen Gemeinden durch die Verwendung eines Evangeliars, eines kunstvoll gestalteten Evangelienbuchs, hervorgehoben. Außerdem können die Messdiener mit brennenden Kerzen den Zug des Priesters zum Ambo, dem Ort der Verkündigung, begleiten.

Bevor der Priester beginnt, das Evangelium zu verkünden, bekreuzigen sich alle mit drei kleinen Kreuzchen auf Stirn, Herz und Hände. Dies soll die Bereitschaft ausdrücken, für die Botschaft des Herrn einzutreten, sich dazu zu bekennen und sie im Herzen zu bewahren.

Zumeist besteht ein innerer Zusammenhang zwischen dem Text der zuvor gehörten Lesung und dem Evangelientext. Denn die biblischen Texte werden immer nach einer bestimmten Leseordnung in der Messe gelesen. Diese folgt einem dreijährigen Zyklus: Lesejahr A: Matthäus, Lesejahr B: Markus, Lesejahr C: Lukas. Das Johannesevangelium wird zu bestimmten Zeiten in jedem Jahr gelesen.

Pädagogische Anregungen

Lassen Sie Ihre Familienbibel nicht im Schrank! Kinder können am besten eine Beziehung zu Jesus aufbauen, wenn sie möglichst viel von ihm kennen, wenn er möglichst selbstverständlich zu ihrem Leben dazugehört.

Deswegen ist es gut, wenn Sie ganz ungezwungen und manchmal auch einfach zwischendurch mit Ihrem Kind über Jesus sprechen oder von ihm erzählen. Vielleicht können Sie sich gemeinsam in einzelne biblische Personen hineindenken oder sich die damalige Situation möglichst genau vorzustellen versuchen.

So kann Ihr Kind mit der „Frohen Botschaft" leben, dass Gott den Menschen in Jesus Christus begegnet ist und jeden Tag neu begegnen will.

Die Elemente des Bildes zum „Evangelium" beziehen sich auf folgende Bibelstellen (beginnend links unten im Uhrzeigersinn): Geburt Jesu (Lukas 2,1–14); Der zwölfjährige Jesus im Tempel (Lukas 2,41–52); Taufe Jesu (Markus 1,4–11); Die Bergpredigt (Matthäus 5,1–12); Das Abendmahl (Matthäus 26,20–29); Die Kreuzigung (Johannes 19,16–30); Die Auferstehung (Johannes 20,1–31).

Predigt

Nun beginnt der Priester, uns das, was wir eben gehört haben, genauer zu erklären. Manches ist nicht ganz leicht zu verstehen, weil es etwas so Besonderes und Außergewöhnliches ist. Aber der Priester hilft nun zu begreifen, was Gott uns sagen will. Und wir können darüber nachdenken, wie wir selbst tun können, was Jesus uns vorgemacht hat: Gott und die Menschen zu lieben und Gutes zu tun.

Predigt

Die Predigt ist der einzige Teil der Messe, der frei gesprochen wird. Hier ist der Text nicht durch Messbuch oder Leseordnung festgelegt, sondern vom Priester verfasst. Dabei geht es im Wesentlichen darum, den Glaubenden in einem (kurzen) geistlichen Wort die Heilige Schrift zu erschließen und Hilfen zu einer christlichen Lebenspraxis zu geben.

So bilden Lesung und vor allem Evangelium den Ausgangspunkt für das in der Predigt Gesagte. Davon ausgehend sollte der Priester die Predigt entwickeln, in der es dann um konkrete Fragen des christlichen Glaubens gehen soll.

Ort der Predigt ist, wie bei Lesung und Evangelium, der Ambo. Denn immer noch steht das Wort Gottes im Zentrum der Feier.

Pädagogische Anregungen

Selbstverständlich hat nicht jeder Christ das theologische Wissen eines Priesters. Aber das heißt nicht, dass nicht auch Sie die Heilige Schrift für Ihr Kind auslegen könnten. Es geht nicht in erster Linie darum, mit wissenschaftlichem Anspruch an einen solchen Text heranzutreten. Zuerst geht es vielmehr darum, sich ganz persönlich damit auseinander zu setzen.

Vielleicht beschäftigen Sie sich einmal längere Zeit ganz in Ruhe mit einer biblischen Geschichte oder einem Teil aus einem Paulusbrief. Sicher merken Sie bald, dass Ihnen der Text etwas sagen kann, dass er nicht nur für die Menschen vor 2000 Jahren Bedeutung hatte. Oder Sie nehmen mit Ihrem Kind einen Text zur Hand und machen sich zusammen mit ihm Gedanken dazu. Auch ein Bild, das ein Kind dazu malt, ist eine persönliche Auseinandersetzung mit dem Inhalt des Textes!

Glaubensbekenntnis

Nach der Predigt sprechen wir alle zusammen das Glaubensbekenntnis. Das erinnert uns an unsere Taufe. Vor allem sagen wir damit ganz klar und deutlich, dass wir an Gott glauben, an seinen Sohn Jesus Christus und an den Heiligen Geist.

Alle Christen sprechen dieses Glaubensbekenntnis: Es wird seit fast 2000 Jahren und bis heute in allen Sprachen gesprochen. So ist es ein Zeichen, dass alle Christen zusammengehören. Und wir gehören dazu!

Glaubensbekenntnis

Das Glaubensbekenntnis hat einen ganz eigenen Stellenwert in der Messfeier. Mit diesem gemeinsam gesprochenen Bekenntnistext stimmt die ganze Gemeinde dem Wort Gottes zu, antwortet darauf und ruft sich die wesentlichen Glaubenswahrheiten in Erinnerung, bevor die Eucharistiefeier beginnt.

Bedeutend ist aber vor allem, dass jeder Einzelne damit seinen persönlichen Glauben bekennt: „Ich glaube …" (lat. „Credo"). Der Text verbindet nicht nur die Christen heute, sondern steht in einer langen Tradition. Einst aus einem Taufbekenntnis entstanden, wurde um weitere Ausformulierungen schon in den ersten Jahrhunderten nach Christus heftig gerungen. Denn den wahren Inhalt des Glaubens, die unaussprechlichen „Wesensmerkmale" Gottes in kurzen „Glaubensformeln" auszudrücken, war und ist nicht einfach. Doch diese durch die ganze Kirchengeschichte hindurch immer wieder auf Konzilien bestätigten Aussagen bringen den christlichen Glauben „auf den Punkt".

So ist dieser Text ein Zeichen der Einheit aller Christen verschiedener Zeiten, Sprachen und Kulturen.

Pädagogische Anregungen

Freies und individuelles Beten ist für Kinder im Allgemeinen verständlicher als das Sprechen von vorformulierten Texten. Hier kann es schnell zu einem oberflächlichen Nachsprechen kommen. Beten wir jedoch in der Messe das Glaubensbekenntnis oder das Vaterunser, so steht neben dem Inhalt auch das gemeinsame Beten mit allen Anwesenden im Vordergrund.

Hierbei kann sich auch das Kind als Teil der Gemeinschaft wahrnehmen, wenn es die Texte schon gelernt hat. Bringen Sie ihrem Kind diese Texte bei! Und versuchen Sie dabei, ihm Inhalt und Bedeutung zu erschließen. Sicher wird es – mit Recht – ein wenig stolz sein, wenn es zum ersten Mal in der Messe diese Gebete mitbeten kann und sich so ein wenig mehr der großen Gemeinschaft zugehörig fühlt.

Fürbitten

Wir sind jetzt in der Kirche zusammen und feiern. Dabei vergessen wir aber nicht die Not in der Welt. Jesus selbst hat uns aufgetragen, die Last der anderen mitzutragen. Wir sollen helfen, wo wir können, und füreinander beten.

Deswegen bringen wir jetzt unsere Bitten zu Gott. Wir beten für die Menschen, die Hilfe brauchen, für die Menschen, die einen Krieg erleben müssen. Wir denken an die Kranken und Einsamen. Und wir denken an die, die schon gestorben sind.

Auch Deine ganz persönliche Bitte kannst Du Gott sagen. Denn er hat immer ein offenes Ohr für Deine Sorgen und Nöte.

Fürbitten

Wer zu Christus gehören will – das wird im Neuen Testament immer wieder deutlich – darf in seinem Leben nicht um sich selber kreisen. Als Christen sind wir aufgerufen, unser Denken, Handeln und Beten auf Gott und die Mitmenschen auszurichten. Wir gehören zu einer Gemeinde, die nicht nur für sich steht, sondern Teil einer unheilen Welt ist. Wir sollten wahrnehmen, was um uns herum geschieht, Anteil nehmen an den Sorgen und Anliegen anderer und Gott um Beistand bitten. So sind die Fürbitten Zeichen der Zusammengehörigkeit aller Christen und ihrer geschwisterlichen Verantwortung füreinander und für die Welt.

Die Fürbitten können frei gestaltet werden. Dabei sollte aber auf die vom Messbuch vorgegebene Reihenfolge geachtet werden (Bitten für die Anliegen der Kirche, für die Regierenden und die ganze Welt, für alle von verschiedener Not Bedrückten, für die Ortsgemeinde). Außerdem sollen die Fürbitten kein Ort sein für ideologisch gefärbte Äußerungen, moralische Zurechtweisungen oder leere Worthülsen. Vielmehr sollen sie in erster Linie Für-Bitten sein, d.h. Bitten für solche, die im Moment nicht anwesend sind.

Pädagogische Anregungen

Mit Kindern (auch außerhalb der Messe) fürbittend zu beten, also nicht nur „in eigener Sache", kann für sie sehr wertvoll und bereichernd sein. Es kann ihren Blick weiten für die Anliegen und Probleme anderer und das Kind kann die grenzenlose Liebe Gottes erfahren, die allen Menschen zukommt und um die es nicht voll Eifersucht bangen muss.

Zugleich müssen Kinder lernen, dass ein Gebet kein Handel mit Gott ist. Enttäuschungen sind vorprogrammiert, wenn Kinder mit einer „Erfüllungsgarantie" ihrer Bitten rechnen. Beten Sie also nicht: „Guter Gott, mach die Oma wieder gesund.", sondern: „Guter Gott, gib der Oma die Kraft, ihre Krankheit auszuhalten. Wir wünschen uns so sehr, dass sie wieder gesund wird." Es ist nicht die Aufgabe Gottes, unsere Wünsche zu erfüllen, und er ist auch nicht nur für Notfälle da.

Alles, was Kinder bewegt, ihre Sorgen, Nöte, Ängste und Freuden, sollten sie ehrlich vor Gott auszusprechen lernen. Bei all dem gilt es, ein Gottvertrauen zu entwickeln, d.h. ein Vertrauen darauf, mit dem göttlichen Beistand rechnen zu dürfen.

Gabenbereitung

Nun beginnt ein neuer Teil der Messe: die Eucharistiefeier. Vorhin war das Wort Gottes das Wichtigste. Jetzt stehen Brot und Wein im Mittelpunkt der Feier. Denn auch hier will Gott uns in ganz besonderer Weise begegnen.

Zunächst bringen die Messdiener oder Menschen aus der Gemeinde die Gaben zum Altar. Wie auch zu Hause wird in der Kirche der Tisch gedeckt und für das Festmahl vorbereitet.

Dann wäscht sich der Priester die Hände. Das ist ein Zeichen: So wie er äußerlich durch das Wasser gereinigt wird, so möchte er auch innerlich gereinigt vor Gott stehen.

Gabenbereitung

Bei der Gabenbereitung werden Brot und Wein dargebracht und für die Wandlung bereitgestellt. Das Brot hat heute die Form einer kleinen, runden Hostie und ist im eigentlichen Sinn nicht als Brot zu erkennen. Grund dafür ist eine jahrhundertelange Entwicklung, in die verschiedene Frömmigkeitsformen der ganzen Kirchengeschichte hinein gewirkt haben. So kam man schließlich vom Laib des ungesäuerten Brotes, das man als Jude zur Zeit Jesu beim Paschamahl aß und das für alle in kleine Stücke gebrochen wurde, zu dieser Form der Hostie.

Wenn sich der Priester nach der Gabenbereitung die Hände wäscht, hat dies deutlichen Bußcharakter. Er betet dabei leise um die Vergebung seiner Sünden („Herr, wasche ab meine Schuld, von meinen Sünden mache mich rein"), um innerlich „gereinigt" den Kern der Eucharistie feiern zu können.

Daran schließt sich das Gabengebet an, das die Gabenbereitung abschließt und deren Inhalt und Bedeutung zusammenfasst.

Pädagogische Anregungen

Die Gabenbereitung wird für Kinder vor allem dann nachvollziehbar, wenn Sie sie mit dem Decken des Tisches zu Hause in Beziehung setzen. Auch ist es hilfreich, die Kinder gut mit den Erzählungen vom letzten Abendmahl Jesu mit seinen Jüngern vertraut zu machen. Denn dann sind sie selbst in der Lage, in den liturgischen Handlungen deren Ursprung wieder zu erkennen.

Außerdem kann es für Kinder heute schwierig sein, Brot und Wein als „Frucht der Erde und der menschlichen Arbeit" zu sehen, wenn für die meisten das, was man zum Leben braucht, einfach aus dem Supermarkt kommt. Den Kindern hier Gottes Schöpfung und die Bedeutung von menschlicher Arbeit für das tägliche Brot näher zu bringen hilft ihnen, dankbar werden zu können für das Lebensnotwendige und genauso für die Gaben, die jetzt zum Altar gebracht werden.

Hochgebet

Jetzt sind wir mit Jesus an seinem Tisch versammelt. Bevor er sterben musste, hat er mit seinen Jüngern ein festliches Mahl gefeiert. Damals hat er gesagt, wir sollten es immer wieder so machen. Deshalb spricht der Priester nun dieselben Worte, die Jesus beim letzten Mahl mit seinen Jüngern über Brot und Wein gesprochen hat.

Das Gebet, das der Priester spricht, ist sehr lang. Das liegt daran, dass nun Christus im Zeichen von Brot und Wein zu uns kommt. Er hat selbst gesagt: „Das ist mein Fleisch. Das ist mein Blut." Er ist jetzt ganz nah bei uns. Und über so etwas Besonderes kann man gar nicht lange genug staunen und Gott dafür danken.

Hochgebet

Das Eucharistische Hochgebet steht im Zentrum der Eucharistiefeier. Es setzt sich aus vielen einzelnen Elementen zusammen und bildet doch eine große Einheit. Meist betet der Priester, aber auch die Gemeinde stimmt ein, etwa wenn sie im „Sanctus" („Heilig, heilig, heilig ...") die Herrlichkeit Gottes bejubelt.

An erster Stelle des Hochgebets stehen immer Lobpreis und Dank: Dank für alle Taten Gottes von der Schöpfung über das Kommen Christi, seinen Tod und seine Auferstehung bis zur erwarteten Wiederkunft des Herrn in der Zukunft. Dem folgt die Bitte um die Gegenwart Christi und um die Gemeinschaft der Kirche mit ihm. Gott wird um sein Heilswirken gebeten, weil der Mensch von sich aus dieses niemals bewirken kann.

Den zentralen Kern des eucharistischen Hochgebets bildet der sogenannte Einsetzungsbericht. Denn durch den Priester, der die Worte Jesu bei seinem letzten Abendmahl spricht („Nehmet und esset alle davon ... Nehmet und trinket alle daraus ..."), ist Christus selbst anwesend und wandelt Brot und Wein in seinen Leib und sein Blut.

Pädagogische Anregungen

Das Eucharistische Hochgebet ist keine „Zauberformel", keine magische Verwandlung von Brot und Wein in Fleisch und Blut. Das sollte man Kindern sagen und versuchen zu erklären: Indem wir in den Zeichen von Brot und Wein den Leib Christi in uns aufnehmen, nehmen wir Jesus selbst, seinen Geist, seine Kraft und seine Liebe in uns auf.

So sind wir eng mit Gott verbunden, aber auch mit den anderen Menschen, die glauben. Denn wenn wir alle vom „einen Brot" essen, werden wir noch mehr zu einer Gemeinschaft zusammengeschlossen.

Vaterunser

Es gibt sehr viele Gebete. Aber nur eines davon hat Jesus selbst den Jüngern beigebracht. Und auch wir haben es alle gelernt und beten es nun gemeinsam.

Wir dürfen Gott unseren Vater im Himmel nennen und ihn um alles bitten, was wir im Leben brauchen. Dafür danken wir ihm und loben ihn.

Vaterunser

Nach dem Abschluss des Eucharistischen Hochgebets strebt der Gang der Feier der Austeilung der Kommunion zu. Wie eine Vorbereitung, ein Tischgebet ist dabei das Vaterunser. Als „Gebet des Herrn" ist es ein biblisches Gebet (vgl. z.B. Matthäus 6,9–13), das Jesus selbst uns gelehrt hat.

Dass diesem Gebet eine besondere Wertschätzung entgegengebracht wird, zeigt auch der äußere Rahmen: Neben einer Einleitungsformel macht ein Einschub („Erlöse uns Herr, allmächtiger Gott …") dies deutlich.

Wenn wir zu Gott als unserem Vater beten, stellen wir uns als seine Söhne und Töchter vor ihn. Wir sprechen ihm Lob und Dank aus, aber voll Vertrauen können wir ihn auch um Vergebung bitten und um alles, was wir zum Leben brauchen. Denn als Christen dürfen wir Gott „Abba", Vater, nennen, wie auch Jesus selbst ihn genannt hat.

Pädagogische Anregungen

Wie schon beim Glaubensbekenntnis ist es für das Kind schön, wenn es das Vaterunser in der Gemeinschaft mitbeten kann. Dabei ist dieser Text weitaus einfacher zu lernen und für das Kind sicher auch besser verständlich.

Wenn Sie mit Ihrem Kind beten möchten, ist das Vaterunser immer ein geeigneter Einstieg. Hier findet (nicht nur) das Kind eine Hilfe, wenn es noch nach eigenen Worten sucht. Gleichzeitig liegt unglaublich viel in den Bitten des Vaterunsers.

So kann es auch zu Hause zu einem häufig gesprochenen und vertrauten Gebet werden. Darüber hinaus sollte das Kind aber auch „frei" zu beten lernen, d.h. seine eigenen Gebete zu formulieren und so einen ganz persönlichen Dialog mit Gott zu führen lernen. Die beste Ermutigung dazu erfährt das Kind, wenn Sie es mit ihm gemeinsam machen!

Friedensgruß

Als Freunde sind wir am Tisch des Herrn beieinander. Streit, Neid und böse Worte sollen wir hinter uns lassen. Denn Jesus möchte, dass alle Menschen im Frieden zusammenleben. Wir bemühen uns darum und wissen, dass Gott uns dabei helfen will.

Deshalb bitten wir jetzt Gott um den Frieden und wünschen ihn uns auch untereinander. Als Zeichen dafür können wir unserem Nachbarn in der Bank die Hand geben und ihm sagen: „Der Friede sei mit dir!"

Friedensgruß

Der Friede mit Gott und den Mitfeiernden ist Voraussetzung für den würdigen Empfang der Kommunion. So bitten die Gläubigen schon seit Beginn des Christentums um den Frieden. Der Friedensgruß ist Ausdruck der geschwisterlichen Liebe und der Versöhnung untereinander. Zugleich ist sich der Christ aber bewusst, dass nicht von ihm allein der Friede abhängt. Deshalb heißt es: „Der Friede des Herrn sei allezeit mit euch."

Jesus selbst hat in den Abschiedsreden an seine Jünger gesagt: „Frieden hinterlasse ich euch, meinen Frieden gebe ich euch; nicht einen Frieden, wie die Welt ihn gibt, gebe ich euch" (Johannes 14,27). Der Friede unter den Menschen ist somit eine der Hauptaufgaben, die den Christen gegeben ist. Kraft und Hilfe dazu dürfen sie immer wieder aus Gott schöpfen.

Pädagogische Anregungen

„Du sollst den Herrn, deinen Gott, lieben mit ganzem Herzen und ganzer Seele, mit all deinen Gedanken und all deiner Kraft. Du sollst deinen Nächsten lieben wie dich selbst." Diese beiden Gebote nennt uns Jesus als die wichtigsten.

Diese Grundgebote den Kindern aufzuschlüsseln, ist wohl eine der größten Aufgaben für Erwachsene. Denn in erster Linie lernen Kinder diese am Vorbild und nicht nur durch Erklärungen. Voraussetzung ist deshalb, als Eltern den Kindern selbst Vergebung und Verzeihen vorzuleben. Streitigkeiten, Konflikte, Enttäuschungen, Wut – all das gehört zu unserem menschlichen Leben und muss ausgesprochen und gelebt werden. Aber genauso muss der Friede gelebt sein, er muss bewusst wiederhergestellt werden können: durch eine Umarmung, eine Entschuldigung, einen Kuss, die Frage: „Können wir wieder Freunde sein?"

Für Kinder kommt es darauf an, dass ihnen nichts nachgetragen wird. Zwar müssen sie die Folgen ihres eigenen Tuns erfahren und auszuhalten lernen. Aber die Versöhnung und Vergebung darf nicht zu kurz kommen. Wenn Ihr Kind solche Erfahrungen im Leben macht, kann es spüren, wonach sich Menschen sehnen, die Gott um seinen Frieden bitten.

Lamm Gottes

Damals, als Jesus lebte, gab es viele Ziegen- und Schafherden. Diese Tiere waren lebenswichtig. Sie gaben Milch und Fleisch, Wolle und Fell. Die Bibel erzählt viel von Hirten und ihren Tieren. Die Menschen konnten an diesem Beispiel verstehen: Gott ist wie ein guter Hirte.

Und Jesus ist wie ein Lamm, lebenswichtig. Ein Lamm, das geschlachtet werden soll, wehrt sich nicht. Auch Jesus wehrte sich nicht, als er am Kreuz sterben sollte. Er wusste: Nur so konnte er uns vom Tod erlösen. Er hat seinem Vater getraut und ist ihm gefolgt. Und wir dürfen Jesus, dem Lamm Gottes, folgen und bei Gott zu Hause sein. Daran denken wir jetzt, wenn wir ihn empfangen.

Lamm Gottes

Mit „Lamm Gottes" (lat. „Agnus Dei") bezeichnet man den dreimaligen Ruf an Jesus als Gotteslamm, das sich für die Menschen geopfert hat. Ihm geht das Brechen des Brotes voraus, wie es auch Jesus selbst gemacht hat. Heute ist damit zugleich eine tiefe Symbolik verbunden: Wie das Brot gebrochen und verzehrt wird, so hat auch Jesus, das Lamm Gottes, sein Leben zerbrechen lassen „als Speise für viele".

Der Text des Agnus Dei ist angelehnt an das Johannesevangelium. Hier heißt es, dass Johannes der Täufer beim ersten Anblick Jesu weiß: „Das (ist das) Lamm Gottes, das die Sünde der Welt hinweg nimmt" (Johannes 1,29). Das Symbol des Lammes hat gleich doppelte Aussagekraft: Zum einen ist damit Jesus als der bezeichnet, der sich ohne Widerstand zum „Schlachten" führen lässt, zum anderen ist er das Osterlamm, das Sinnbild der Erlösung Israels beim ersten Paschafest (vgl. Exodus 12).

Eng angebunden an den vorhergehenden Friedensgruß ist das Agnus Dei durch die Bitte „gib uns deinen Frieden", die anstelle eines dritten „erbarme dich unser" steht.

Pädagogische Anregungen

Will man Kindern das „Lamm Gottes" erklären, muss man wohl auch allgemein mit ihnen über Symbole und symbolhafte Sprache reden. So kann man ihnen Beispiele dafür erklären oder zeigen: die Osterkerze, das Kreuz. Aber auch Symbole aus dem täglichen Leben. Dann kann ihnen auch das „Lamm Gottes" verständlich und nicht zu einem grausamen und schrecklichen Bild (Schlachten, Blut) werden. Denn es ist sehr wichtig, Kindern ein positives Gottesbild zu vermitteln: nicht Furcht, sondern Ehrfurcht! Das Bild, das sich ein Kind von Gott macht, prägt nachhaltig seine Vorstellung und seinen Glauben. Deshalb ist hier viel Vorsicht und Feingefühl notwendig.

Die vielen Titel und Bilder, die dem Kind auch schon im Kyrie und Gloria begegnet sind, zeigen ihm, wie unvorstellbar groß dieser Gott ist. Gott als den zu erfahren, der größer ist als alles andere, aber auch als den, der die Liebe und die Güte, die Wahrheit und die Gerechtigkeit ist, bewahrt das Kind vor einer zu einseitigen Gottesvorstellung.

Kommunion

Der Priester verteilt nun die Kommunion. Das heißt, dass wir das Brot, das das Zeichen für Jesus ist, nun essen. Alle gehen nach vorne und der Priester sagt zu jedem, dem er davon gibt: „Der Leib Christi."

Jeder, der von diesem „Leib Christi" isst, gehört ganz zu Christus. Das soll uns Kraft geben für unser Leben. Und es sagt uns, dass wir an die Auferstehung glauben dürfen.

Nach der Kommunion spricht der Priester ein Gebet. Er dankt Gott dafür, dass wir mit ihm die Messe feiern durften.

Kommunion

Die Kommunionspendung hat eine lange Entwicklung hinter sich. Aus dem Sättigungsmahl der frühen Kirche wurde im Laufe der Zeit eine „reduzierte" Eucharistiepraxis. Verehrung und Ehrfurcht vor dem besonderen Brot führten sogar zeitweise dazu, dass die Gläubigen die geweihte Hostie nur noch anschauten und der Kommunionempfang dem Priester vorbehalten blieb. Die Liturgiereform des Zweiten Vatikanischen Konzils hat den Weg wieder aufgetan für einen selbstverständlichen sonn- und alltäglichen Kommunionempfang. Kranken Menschen kann die Kommunion nach dem Gottesdienst auch nach Hause gebracht werden.

Der Kommunionausteilung folgt das Schlussgebet. In diesem Gebet wird Gott Dank entgegengebracht für alle in der Messfeier empfangenen Gaben, für seine Gegenwart in der Gemeinschaft, in seinem Wort und in den Zeichen von Brot und Wein.

Pädagogische Anregungen

Auch wenn Ihr Kind noch nicht zur Erstkommunion gegangen ist, können Sie es zur Kommunionausteilung mit nach vorne nehmen. Denn die meisten Priester und Kommunionhelfer zeichnen ihm dann ein kleines Segenskreuz auf die Stirn. Dass das Kind dabei ist, dass es sich nicht ausgeschlossen fühlt, dass es einzelne Formen des Glaubensvollzugs für sich erkennt und mitfeiern kann, ist sicher eine gute Vorbereitung auf die eigene Erstkommunion.

An dieser Stelle kann den Kindern auch deutlich werden, dass sie in die Gemeinschaft der Christen mehr und mehr hineinwachsen. Für ein besseres Verständnis kann es vielleicht helfen, den Kindern von ihrer eigenen Taufe als Aufnahme in die Kirche zu erzählen, von der Erstkommunion und ihrer Bedeutung, vielleicht auch von der Firmung.

Segen und Entlassung

Nun sind wir am Schluss der Messe angekommen. Doch bevor wir nach Hause gehen, bitten wir um den Segen Gottes. Der Priester erhebt die Hände und hält sie ausgestreckt über die ganze Gemeinde. Dabei spricht er: „Es segne euch der allmächtige Gott, der Vater und der Sohn und der Heilige Geist." Damit sagt er uns, dass Gott auch außerhalb der Kirche jeden Tag und überall bei uns ist. Wie zu Beginn der Messe machen wir auch jetzt das Kreuzzeichen.

Dann ziehen der Priester und die Messdiener aus der Kirche. Und auch wir gehen nach Hause. Alles, was wir heute in der Messe gehört und gefeiert haben, nehmen wir in Gedanken mit. Dann können wir uns die ganze Woche darüber freuen!

Segen und Entlassung

Das Wort „segnen" (lat.: signare) bedeutet „bezeichnen". Die Gläubigen erbitten den Segen des dreieinigen Gottes. Der Priester segnet mit erhobenen Händen – ein Anklang an die Handauflegung – die Gemeinde, und alle bezeichnen sich mit einem Kreuz. Daran schließt sich der Entlassungsruf des Priesters an: „Gehet hin in Frieden!"

Hier wird ganz deutlich: Die Messe kennt kein Ende, sondern nur eine Entlassung. Die Menschen werden gesendet aus der Stärkung des Glaubens in der Messe hinein in den weiteren Vollzug des Glaubens im Alltag. Damit erhalten sie einen klaren Auftrag für ihr christliches Leben in der Welt.

Pädagogische Anregungen

Kinder können in ihrem täglichen Lebensumfeld immer wieder erleben, dass sie unter dem Schutz Erwachsener stehen. Sie verlassen sich auf die Hilfe derer, die sie lieben. So stellt es für sie auch kein Problem dar, sich unter Gottes Segen zu stellen. Wenn sie auch noch erleben, wie sich ihre Eltern unter den Schutz Gottes stellen, dann ist es für sie umso leichter, sich ganz in Gottes Hand zu geben.

Viele wissen nicht, dass das Segnen nicht den Bischöfen, Priestern und Diakonen vorbehalten ist. Jeder Getaufte hat die Vollmacht zum Segnen. So können auch Sie als Eltern Ihre Kinder segnen. Machen Sie hiervon ruhig häufigen Gebrauch! Mit einem Kreuzzeichen auf die Stirn oder der Handauflegung auf den Kopf können Sie Ihrem Kind den schützenden Segen Gottes verdeutlichen. Was Sie für Ihr Kind wünschen und erbitten, erbittet auch Ihr Kind für Sie, seine Eltern. Wundern Sie sich also nicht, wenn Sie von Ihrem Kind in derselben Weise gesegnet werden!

Anregungen zum Weiterlesen

... für Kinder

Reinhard Abeln: Das Haus Gottes den Kindern erklärt. Kevelaer 1997.
Reinhard Abeln/Hartmut Bieber: Jetzt feiern wir mit. Messbuch für Kinder. Kevelaer 1998.
Eleonore Beck/Margret Bernard-Kress: Die Bibel für Kinder. Kevelaer 2000.
Mechthild und Stephan K. Langenbahn: Die heilige Messe als Feier den Kindern erklärt. Kevelaer 2000.
Ulrich Johannes Plaga: Komm, wir gehen zum Gottesdienst. Messbuch für Kinder. Kevelaer 1999.
Marcus Rosenkranz: Das Glaubensbekenntnis den Kindern erklärt. Kevelaer 1999.

... für Erwachsene

Allgemeine Einführung in das Römische Messbuch, hg. vom Sekretariat der Deutschen Bischofskonferenz (Arbeitshilfen 77). Bonn ⁶1996.
Schott-Messbuch für die Sonn- und Festtage der Lesejahre A, B und C. Freiburg/Basel/Wien 1990.
Rupert Berger: Neues Pastoralliturgisches Handlexikon. Freiburg/Basel/Wien 1999.
Franz Kamphaus: Tut dies zu meinem Gedächtnis. Worum es im Sonntagsgottesdienst geht. Freiburg/Basel/Wien 1999.
Ferdinand Krenzer: Morgen wird man wieder glauben. Eine katholische Glaubensinformation. Limburg/Kevelaer 2000.
Michael Kunzler: Leben in Christus. Eine Laienliturgik zur Einführung in die Mysterien des Gottesdienstes. Paderborn 1999.